1

De l'Imprimerie de la V. C. GUILLERY, au bout du Pont S. Michel.

MEMOIRE

P O U R Meſſire PIERRE BOUTET DE MARIVATZ , Chevalier , premier Gentilhomme ordinaire de Monſeigneur le Duc d'Orleans, Regent du Royaume. Meſſire Gervais le Fevre d'Aubonne , Chevalier, Conſeiller honoraire en la Cour , & Dame Gatherine-Agnés de Pomereu, ſon Epouſe. Dame Marie-Michelle de Pomereu, Veuve de Monſieur Roſſignol, Preſident en la Chambre des Comptes , Heritiers chacun pour un quart de Meſſire Jacques de Pomereu, Chevalier , Seigneur de la Breteſche, Gouverneur de la Ville de Doüay, Intimez.

C O N T R E Mre *Jean-Baptiſte de Pomereu,Chevalier,Maiſtre des Requeſtes hono-* *raire. Mre Michel-Gervais de Pomereu,ſon fils,Chevalier,Maiſtre des Requeſtes.* *Meſſire André-Jean de Pomereu, Chevalier, Conſeiller en la Cour. Maiſtre* *Vautier , Procureur au Chaſtelet , Tuteur de Meſſire Alexandre-Jacques de* *Pomereu , Mineur , Appellans.*

I L s'agit de la validité du Teſtament olographe fait par Meſſire Alexandre de Pomereu, Chevalier, Seigneur de la Breteſche , & Gouverneur de la Ville de Doüay.

Les Intimez ſoûtiennent, que ce Teſtament eſt nul, ayant eſté fait dans la Ville de Doüay en Flandre, où il ne ſuffit pas qu'un Teſtament ſoit écrit & ſigné de la main du Teſtateur pour eſtre valable ; mais qu'il faut ajoûter à l'écriture & à la ſignature du Teſtateur la preſence d'une perſonne publique & de deux Témoins.

En deuxiéme lieu, ils ſoûtiennent que ce Teſtament eſtant abſolument nul, ſuivant la Loy du lieu où il a eſté fait, ne peut avoir d'execution dans la Coûtume de Paris, quand même on ſuppoſeroit que le domicil du feu ſieur de Pomereu , Gouverneur de Doüay , eût eſté à Paris.

Dans le fait , il faut obſerver que Meſſire Alexandre-Jacques de Pomereu fut pourvû le 15 Fevrier 1 6 8 3. du Gouvernement de Doüay, non par une ſimple Commiſſion triennale , comme la plûpart des autres Gouverneurs du Royaume, mais par des Proviſions qui lui accordoient ce Gouvernement pour toute ſa vie : Il a preſque toûjours réſidé à Doüay , il n'en ſortoit point en temps de Guerre ; il ne venoit à Paris que par la permiſſion du Roy en temps de Paix ; il a fait pluſieurs Teſtamens & Codicilles dans la Ville de Doüay ; il y avoit élû ſa ſépulture , & fait conſtruire ſon Mauſolée plus de quinze ans avant ſa mort, il y eſt décedé.

Par ſon dernier Teſtament paſſé en la Ville de Doüay le 22 May 1718. il donne, à la verité, au ſieur de Marivatz, & à chacune de Meſdames d'Au-bonne & Roſſignol ſes neveux & niéces, la ſomme de 40000 liv. avec cette difference , qu'il ſubſtituë cette ſomme de 40000 liv. par lui laiſſée au ſieur de Marivatz , à Monſieur de Pomereu Maiſtre des Requeſtes honoraire

A

2133

son neveu, en cas que le sieur de Marivatz décede sans enfans.

Il nomme son Legataire universel Monsieur de Pomereu son neveu ; il laisse au fils aîné de M. de Pomereu Maistre des Requests, la somme de 100000. liv. & sa Terre de la Bretesche toute meublée ; à son second fils, Conseiller en la Cour, 80000. liv. & au Chevalier de Pomereu son troisiéme fils, 30000. livres.

C'est par ce Testament qu'il déclare, qu'il s'est fait ériger un Mausolée dans l'Eglise des Peres Jesuites de Doüay, où il veut estre enterré, & où il déclare qu'il a fait une Fondation considerable.

Ce Testament auroit esté bon s'il avoit esté fait à Paris, estant entierement écrit & signé de la main du Testateur ; mais dans la Ville de Doüay, & dans la plûpart des Provinces des Païs-Bas, il faut qu'un Testament même olographe soit signé par une personne publique & deux Témoins.

Le Testateur est décedé dans la Ville de Doüay au mois de Septembre 1718.

Ce Testament a esté déclaré nul par Sentence des Requestes du Palais du huitiéme May 1718. Sur l'appel interjetté par Messieurs de Pomereu, la Cause a esté appointée aprés plusieurs Audiances de Plaidoirie ; les Intimez eurent l'avantage que Monsieur l'Avocat General de Voysin conclud pour la confirmation de la Sentence.

Pour répondre à tous les moyens d'appel de Messieurs de Pomereu, il s'agit d'établir les deux Propositions, dont l'examen renferme toute la difficulté du Procés.

La premiere, qu'il ne suffit pas à Doüay, ni dans tous les Païs-Bas, qu'un Testament soit écrit & signé de la main du Testateur, s'il n'est fait en presence d'une personne publique & de deux Témoins.

La Deuxiéme, qu'un Testament nul dans le lieu où il a esté fait ne peut estre executé dans une autre Coûtume, où il suffit qu'un Testament soit écrit & signé de la main du Testateur, sous prétexte que le Testateur y avoit son domicil.

PREMIERE PROPOSITION.

Un Testament écrit & signé de la main du Testateur est nul dans la Ville de Doüay, s'il n'est en même temps reçû & signé par une personne publique & deux Témoins.

L'usage des Testamens olographes a esté presque toûjours inconnu en Droit, ils parurent autorisez par la Novelle de Valentinien, mais sans rechercher les motifs de cette Loy, il suffit d'observer qu'elle fut presque aussitôt révoquée que publiée par la Novelle 9. de Theodose ; d'où a esté tirée la Loy, *hac consultissima C. de Testamentis*, qui établit la necessité des Témoins, même à l'égard des Testamens entierement écrits & signez de la main du Testateur.

Mais les Appellans ont confondu cette Loi, *hac consultissima C. de Testamentis*, qui est de Theodose, avec une autre Loi, *hac consultissima*, qui est de Justinien, & qui se trouve au titre du Code, *qui Testamenta facere possunt*, qui ne parle que des Testamens des Aveugles, en soûtenant que les François estoient entrez dans les Gaules, & qu'ils estoient Maîtres de la Ville de Doüay

long-temps avant la révocation de la Novelle de Valentinien, faite par Justinien, quoique cette révocation soit de Theodose, & que ce ne soit que
long-temps après le regne de Theodose que les François se soient rendus
Maîtres de la Gaule Belgique.

Ce qui doit prouver que cette Novelle de Valentinien qui autorisoit les
Testamens olographes, n'a jamais esté observée, est que dans toutes les Provinces du Droit écrit du Ressort du Parlement de Toulouse, de Bourdeaux,
d'Aix, de Grenoble, de Dijon, & de Besançon, un Testament simplement
écrit & signé de la main du Testateur n'a aucune force ni autorité.

A l'égard des Païs de Droit écrit soumis au Ressort de la Cour, il est
vray que la question de sçavoir, si les Testamens purement olographes étoient
valables, a parû d'abord incertaine, & qu'il y a eu des Arrests contraires ;
mais la Cour par Arrest du 7 Septembre 1626. en déclarant nul un Testament
olographe fait dans le Bailliage de Forest, qui est du Ressort du Parlement,
ordonna, *que toutes personnes du Bailliage de Forest seroient tenus de garder dans*
leurs Testamens les formes & les solemnitez prescrites par le Droit Civil, & que
l'Arrest seroit lû & publié au Bailliage de Forest l'Audiance tenant.

On sçait l'opposition que Messieurs de la Cinquiéme Chambre des Enquê-
tes, qui avoient jusques-là observé une Jurisprudence contraire, formerent
à la prononciation de cet Arrest ; mais par le suffrage de toutes les autres
Chambres, il fut arresté, que cet Arrest seroit prononcé en Robbes Rouges.

Il n'y a eu d'exception depuis cet Arrest que pour le Mâconnois par deux
Arrests de 1655. & 1676. & cela parce qu'il paroissoit par des Actes de notorieté, par des Sentences du Bailliage de Mâcon, & par l'exemple d'un grand
nombre de Testamens, que les Testamens purement olographes étoient admis
dans cette Province.

Il est encore vray que la Cour a confirmé des Testamens olographes faits
en Païs de Droit écrit par un pere entre ses enfans, ou qui ne contenoient
que des Fondations pieuses ; mais l'on sçait que les Parlemens de Droit écrit
qui rejettent les Testamens olographes, les admettent par rapport à ces sortes
de dispositions, en même temps qu'ils les rejettent pour tous autres effets.

On avouë que plusieurs Coûtumes du Ressort de la Cour, ont admis expressément les Testamens olographes : Les Appellans ont fait valoir un Arrest
du 30 Avril 1625. rendu dans la Coûtume d'Angoumois qui a confirmé un
Testament olographe, quoique cette Coûtume ne les eût point autorisé expressément ; mais cet Arrest a eu deux motifs, l'un, que la Coûtume d'Angoumois participe beaucoup de l'esprit de celle de Poitou qui est voisine, &
qui admet les Testamens olographes, & l'autre, que l'usage des Testamens
olographes étoit commun en Angoumois.

Mais si plusieurs Coûtumes ont admis les Testamens olographes, soit expressément, ou par usage qui s'est établi ; il faut avouer qu'il y en a d'autres
qui les rejettent.

Ainsi l'art. 10. du tit. 18. de la Coûtume de Berry, desire que les Testamens olographes soient souscrits par un Notaire & deux Témoins.

L'art. 4. du tit. 11. de la Coûtume de Bayonne, desire qu'outre l'écriture
& la signature du Testateur, il y ait deux Témoins, ou un Notaire.

La Coûtume de Tournay exige, que le Testateur ajoûte à son écriture & à
sa signature une reconnoissance devant cinq Témoins.

Mais sans s'arrêter à l'usage des autres Coûtumes & des autres Provinces du Royaume, il s'agit icy de rechercher quel est la Loy & l'usage qui regit les Testamens faits en la Ville de Doüay, où le feu sieur de Pomereu a testé; c'est envain qu'on allegue de la part des Appellans, que cette Ville est de l'ancien Ressort de la Cour, qu'elle dépendoit autrefois de Beauquesne qui est du Ressort de la Cour, que les Peuples de la Châtellenie de Doüay, de Lille & Orchies furent appellez à la rédaction de la Coûtume d'Amiens en 1507. & qu'ils sont aujourd'huy soumis à l'autorité du Roy.

Si ces recherches étoient de quelque consequence, il suffiroit de répondre qu'on vient de prouver, que les Testamens olographes ne sont pas admis universellement dans le Ressort de la Cour, mais que depuis plusieurs siecles la Ville de Doüay a cessé d'être soumise à ce Ressort, qu'actuellement elle est du Ressort du Parlement de Flandre, que si on voulut appeller les Peuples de Doüay, Lille & Orchies en 1507. à la rédaction de la Coûtume d'Amiens, le Procés verbal fait foy qu'ils ne purent estre convoquez, parce qu'ils étoient sous une autre domination, que même cette ancienne Coûtume d'Amiens n'admettoit point les Testamens olographes, & qu'enfin le retour de ces Peuples sous la domination du Roy les rend à la verité Sujets du Roy, mais qu'ils vivent toûjours sous les Loix & les Coûtumes qui étoient établies dans leur Païs avant cette réünion.

Cela s'observe même pour les Peuples des Païs-Bas qui sont du Ressort de la Cour; le Commentateur de la Coûtume d'Artois art. 74. n. 212. observe, que les Testamens olographes n'ont pas lieu en Artois.

Il s'agit donc uniquement de sçavoir, quel est le Droit qui regit presentement la Ville de Doüay, aussi-bien que l'Artois dont on vient de parler.

L'Edit perpetuel des Archiducs Albert & Isabelle-Claire-Eugenie de l'année 1611. est une Loy generale pour tous les Païs-Bas, une Loy adressée singulierement aux Gouverneurs de Doüay, Lille & Orchies.

L'art. 11. est conçû en ces termes : *Pour obvier à la diversité des Jugemens qui se rendent sur le fait de la formalité des solemnitez de la faction des Testamens; déclarons & statuons, qu'és lieux de nos Provinces où les biens sont disponibles, & qui ont leurs Coûtumes décretées, on se reglera suivant la disposition desdites Coûtumes, à peine de nullité.*

L'art. 12. porte, *& là où elles ne sont encore décretées, nous cependant pour retenir les pensées douteuses & variables des hommes mourans, & éviter à toutes suppositions & falsifications que les défunts ne peuvent arguer : Avons ordonné & ordonnons, que les Testamens, dispositions, ou autres dernieres volontez, seront signez du Testateur & de deux Témoins à ce appellez, s'ils sçavent écrire, dont ils seront interpellez par les Notaires, Curez ou Vicecurez, qui seront tenus en l'un ou en l'autre cas, en faire mention en leurs Instrumens, ausquels Notaires, Curez ou Vicecurez, Nous défendons de recevoir ausdits Testamens qui se passeront devant eux aucunes donations ou legs à leur profit ou de leurs parens jusqu'au quatriéme degré, suivant la suputation du Droit Civil inclusivement.*

Au terme de ces articles, lorsque la Coûtume a prescrit une forme particuliere pour les Testamens, il faut l'executer; mais si elle n'a rien prescrit, il faut avoir recours à la disposition generale prescrite par l'art. 12.

Suivant cet article, il faut premierement, que le Testament soit rédigé par écrit.

En

En fecond lieu, qu'il foit figné par le teftateur, s'il fçait écrire.

En troifiéme lieu, qu'il y ait deux témoins prefens à la confection des teftamens qu'ils fignent s'ils fçavent écrire.

En quatriéme lieu, qu'il foit reçû par un Notaire, Curé ou Vice-Curé.

Cette Loi generale des Pays-Bas n'ayant point admis d'autre forme de tefter, il s'enfuit que tout autre teftament qui n'eft point conforme aux folemnitez prefcrites par cet Edit, eft reprouvé.

Nous ne pouvons tefter que fuivant les Loix & les Coûtumes ; dés que cette Loi nous prefente une forme de tefter fans en avoir admis d'autres, fi nous n'obfervons point cette forme prefcrite, il faut que la fucceffion *ab intestat* ait fon cours, *Teftamenti factio non privati, fed publici juris eft*, dit la Loi, 3. *ff. qui Teftamenta facere poffunt.*

Les Teftamens qui font écrits & fignez de la main du Teftateur, ne font admis dans la Coûtume de Paris, & dans les autres femblables, que parce que ces Coûtumes difent, que *pour réputer un Teftament folemnel, il faut qu'il foit écrit & figné par le Teftateur :* L'Edit perpetuel ne contenant point de pareille difpofition, & contenant une regle generale pour tous les Teftamens, il faut fuivre la forme qu'il prefcrit.

On fubtilife de la part des Appellans fur les termes de cet Edit, pour prouver qu'il n'a point d'application aux Teftamens olographes.

Il ne parle, dit-on, que des Teftamens qui ont une *forme & une folemnité,* comme fi les teftamens olographes n'avoient pas leur forme & leur folemnité. L'Article 289. de la Coûtume de Paris nous apprend, que cette forme & folemnité confifte à eftre écrits & fignez de la main du Teftateur, & fuivant l'Edit perpetuel, il faut dans les Pays-Bas ajouter à cette forme la préfence de Témoins & de perfonnes publiques.

Ces autres termes qu'on releve de la part des Appellans, *pour éviter à toutes fuppofitions & falfifications,* ne conviennent-ils pas auffi aux Teftamens olographes qui font expofez auffi bien que les autres Teftamens, aux fuggeftions & aux impreffions étrangeres dont un Teftateur peut eftre garanti par la préfence d'un Notaire & de plufieurs Témoins.

Il eft vray que quelques années aprés cet Edit, il fe forma une conteftation pour fçavoir fi cet Edit excluoit entierement les Teftamens purement olographes.

La queftion s'en prefenta au Confeil de Namur, au fujet du Teftament olographe d'Hubert Genard, Sieur de Vuaulin, du 3. Juin 1615. les heritiers *ab intestat* du teftateur, foûtinrent que cette difpofition eftoit nulle, faute d'avoir obfervé les formalitez prefcrites par l'Edit des Archiducs ; les Légataires foûtenoient au contraire, que ces difpofitions n'avoient aucun raport aux Teftamens entierement écrits & fignez de la main du Teftateur. Le Confeil de Namur fe trouva partagé ; mais il crut qu'il devoit confulter les Souverains, & attendre des Légiflateurs même la décifion d'une conteftation auffi importante. Voicy les termes de la Requefte prefentée aux Archiducs : *D'autant que ce point eft de grande confequence; fupplions très-humblement que leurs Alteffes foient fervies par forme d'interpretation, declarer fi les folemnitez ordonnées par l'Edit, Art. 12. doivent eftre obfervées, au cas qu'il eft certain que la difpofition & volonté derniere eft écrite entierement & fouffignée par le Teftateur, foit qu'il difpofe au profit des étrangers ou des enfans.*

B

Voici quelle fut la Declaration des Archiducs: *Les Archiducs chers & feaux, nous avons vû ce que representez à ceux de nostre Conseil Privé, par la vostre du 2 de ce mois, sur la difficulté rencontrée en visitant le procès mû pardevant Vous par le Chanoine Genard avec ses Consorts, contre Evrard Ghuard, comme Tuteur de son fils, & autres Défendeurs ; sur quoy vous dirons, que comme le dispositif de l'Art. 12. de notre Edit perpetuel de l'an 1611. est general : Nous entendons aussi qu'il ait lieu, soit que le Testament soit écrit & signé par le Testateur, ou non, & vous pourrez regler, selon ce, de Bruxelles le 9 Septembre 1620.* *

* Anselme sur l'Edit perpetuel, Art. 11. & 12. §. 48.

Si les termes de cet Edit presentoient une disposition generale, cette Declaration des Archiducs, décide bien nettement qu'il comprend les Testamens olographes. Les Appellans ont fait des efforts incroyables pour en détruire la foy & l'autorité, ils ont prétendu que le témoignage d'Anselme qui le raporte, n'estoit pas suffisant pour en établir la verité, comme si la foy d'un Auteur tel qu'Anselme, qui a fait un Commentaire trés-approuvé sur l'Edit perpetuel, ne suffisoit pas pour en assurer la foy & l'autorité.

Mais les Intimez en ont levé une expedition en forme de cette Declaration dans les Archives du Conseil Privé de Bruxelles ; & le Secretaire d'Etat de l'Empereur qui l'a délivré, assure que ces Placards & Declarations des Archiducs sur l'Edit perpetuel, ont force de Loy dans tous les lieux où cet Edit doit estre suivi & observé.

C'est une illusion de dire que ce Placard n'est intervenu que parce que le Testament dont il s'agissoit contenoit une Clause codicilaire, & que les Codicils requierent un certain nombre de Témoins.

Les termes de cette Declaration répondent à cette objection, il y est dit expressément que le dispositif de l'Edit *est general & qu'il doit avoir lieu, soit que le Testament soit écrit de la main du Testateur, ou non.*

Qu'on lise les moyens des Parties expliquez dans la suplique, tout est réduit à la question de sçavoir, s'il faut une personne publique & des Témoins dans un Testament olographe.

Enfin l'on sçait que dans les Pays-Bas, comme dans le Pays Coûtumier de France, tous les Testamens sont des Codicils, & qu'on n'a jamais entendu dire qu'il fallut plus de formalitez pour un Codicil, que pour un Testament.

Il reste à observer que la Coûtume de la Ville de Doüay fut decretée le 16 Septembre 1627. mais elle n'a rien prescrit sur la forme des Testamens ; tout ce qu'elle prescrit au Chapitre 2. est, *qu'il convient & est necessairement requis, que pardevant Echevins tel Testament soit juré, emprints & prints entretenir par les Executeurs, Veuves, Heritiers ou Legataires universels du Testateur.* Ce qui n'a raport qu'à ce qui doit se faire aprés le decés du Testateur ; ainsi l'Edit perpetuel a continué d'estre la regle des Testamens passez dans la Ville de Doüay.

On en a deux preuves bien précises.

La premiere, raportée par Anselme, page 169. resulte d'un Placard du Roy d'Espagne, du 17 Novembre 1631. il paroist que le Lieutenant de la Gouvernance de Doüay demande au Roy d'Espagne une décision certaine sur la question de sçavoir, si les révocations des Testamens devoient estre faites avec les mêmes formalitez prescrites par l'Art. 12. de l'Edit perpetuel pour la confection des Testamens ; la réponse du Roy d'Espagne est conçuë en ces termes : *Nous vous dirons que sous l'Ordonnnance de l'Art. 12. de nostre Edit perpetuel de l'an 1611. est aussi comprise la révocation des Légats qui seroient paravant laissez par Testament.*

La deuxième preuve eſt écrite dans un Acte de notoriété accordé par le Lieutenant General & Conſeillers Civils & Criminels de la Gouvernance du Bailliage de Doüay, & Orchies du 4 Avril 1719.

. Par raport au point dont il s'agit, ils declarent d'abord, que *dans la Coûtume de Doüay, quoiqu'elle y ſoit decretée, mais que ne preſcrivant point la forme des Teſtamens, ils doivent y eſtre faits avec les formalitez & ſolemnitez requiſes par l'Art.* 12. *de l'Edit perpetuel des Archiducs du* 12 *Juillet* 1611. *à peine de nullité, & & que cet Article eſt ſuivi & obſervé pour la forme des Teſtamens en ladite Ville de Doüay.*

Ils ajoûtent en ſecond lieu, qu'aux termes de cet Edit, *un Teſtament entiérement écrit & ſigné de la main du Teſtateur eſt nul, s'il n'eſt en outre revêtu des ſolemnitez preſcrites par le diſpoſitif dudit Art.* 12. *lequel a lieu, ſoit que le Teſtament ſoit écrit & ſigné par le Teſtateur ou non, ſuivant ce qui a eſté decidé par la Declaration des mêmes Archiducs du* 19 *Septembre* 1620. *qui ſe trouve au quatriéme Volume des Placards de Brabant fol.* 477. *& qu'en conſequence un Teſtament olographe fait à Doüay, qui n'a pas eſté reconnu pardevant Notaire Curé, ou Vice-Curé & deux Témoins à ce appellez, &c. ſuivant ledit Article eſt notoirement tenu pour nul, & de nulle valeur.*

Les Appellans qui ont recours à toutes ſortes de moyens, ont allegué que les Loix d'Eſpagne deſirent ainſi que l'Edit perpetuel, que les teſtamens ſoient reçûs en preſence de trois Témoins; que neanmoins il a eſté jugé par Sentence des Requeſtes du Palais du 19 Mars 1687. qu'un Teſtament olographe fait en Eſpagne eſtoit valable, ſans qu'aucun Témoin y eut aſſiſté.

Cette Objection a eſté détruite par la Production du Factum ſur lequel cette Sentence eſt intervenuë, qui prouve que le teſtament de Robert Frain Sieur Deſtouches, avoit eſté fait pardevant Notaires, & que le Codicil olographe qu'il avoit fait cinq jours aprés, eſtoit fait en preſence de cinq Témoins, le tout ſelon les Loix d'Eſpagne.

Il eſt donc impoſſible de douter que le teſtament dont il s'agit, fait à Doüay, ne ſoit nul.

DEUXIE'ME PROPOSITION.

Un Teſtament nul dans le lieu où il a eſté fait, ne peut eſtre executé dans une autre Coûtume, où il ſuffit qu'un Teſtament ſoit écrit & ſigné de la main du Teſtateur, quand même le Teſtateur y ſeroit domicilié.

Cette propoſition eſt la ſuite de la premiere; un teſtament nul dans le lieu où il a eſté paſſé eſt nul par tout, même quand ce teſtament renfermeroit toutes les formalitez preſcrites par la Coûtume du domicil du teſtateur.

On peut juſtement conteſter dans le fait, que le ſieur de Pomereu Gouverneur de la Ville de Doüay, eut un autre domicil que celuy de ſon Gouvernement.

Il eſtoit à la verité né à Paris, il avoit même depuis qu'il eſtoit Gouverneur de Doüay, conſervé pendant pluſieurs années un appartement à Paris, dans une maiſon dont il avoit eu d'abord le quart, & dont il avoit enſuite acquis la totalité, il a payé à Paris les taxes des Pauvres, du Dixiéme, des

Bouts & Lanternes ; une feule fois il a rendu le Pain-Béni à S. Gervais, dans quelques Actes on le dit demeurant à Paris , on luy a fait des fignifications comme demeurant à Paris.

Mais par combien d'autres faits ces preuves apparentes de domicils font-elles combatuës ? La naiffance ne forme pas le domicil , il dépend du choix & de l'établiffement de la perfonne , qu'un homme ait une maifon à Paris pour y habiter lorfqu'il y féjourne, ce n'est point une preuve de domicil. Il est certain que pendant plufieurs années le fieur de Pomereu a loüé l'integrité de cette maifon à d'autres ; il n'est pas extraordinaire que lorfqu'il y a retenu un appartement , il ait payé les Taxes des Pauvres, du Dixiéme & des Bouts & Lanternes qui font charges, ou des Proprietaires, ou de ceux qui occupent.

Avoir offert une feule fois le Pain-Béni dans une Paroiffe, ce n'est pas une preuve de domicil lorfqu'on n'a pas continué de le faire. Si dans des Actes & des fignifications , on a donné au fieur de Pomereu la qualité de demeurant à Paris, c'est avoir pris une habitation paffagere pour un domicil fixe.

Mais plufieurs autres circonftances, fi cela eftoit neceffaire, prouveroient que le domicil du fieur de Pomereu eftoit à Doüay, il y avoit près de 40 ans qu'il en eftoit Gouverneur, il ne quittoit point ce Gouvernement pendant la Guerre, & il ne pouvoit le quitter pendant la paix que par la permiffion expreffe du Roy ; fes provifions le portent ; ce gouvernement n'étoit pas triennal comme la plûpart des autres, mais à vie, la claufe *tant qu'il nous plaira* qui fe trouve dans fes provifions, n'empêche point qu'il ne foit à vie, & n'a d'effet qu'en cas d'indignité ou de mauvaife conduite du Gouverneur.

Il est vrai qu'aux termes des Declarations du Roy du 9 Avril 1707. & 7 Septembre 1712. les Officiers de l'Etat Major des places peuvent avoir un domicil hors du lieu où ils exercent leurs fonctions; mais ces Declarations n'empêchent point que ces mêmes Officiers ne puiffent fixer leur domicil dans le lieu où ils font attachez par leurs fonctions. Le fieur de Pomereu a fixé fon domicil à Doüay par fon habitation prefque continuelle, par la nature de fon gouvernement , & plus encore par fon choix ; jamais dans les Actes paffez à Doüay, il ne s'est dit demeurant à Paris, quelques-uns portent qu'il eftoit demeurant à Doüay, plufieurs de ceux qu'il a paffez à Paris le difent feulement *de prefent à Paris* , ce qui contient un aveu du domicil de Doüay.

Tous les Actes principaux qu'il a paffé ont efté faits à Doüay dés l'année 1707. il y avoit paffé un Acte pour recompenfer fes domeftiques , il y a fait en differens temps un Teftament & deux Codicils , il y est mort, & il fe regardoit fi peu comme étranger à Doüay, qu'il s'y étoit fait ériger un tombeau dans l'Eglife des Jefuites , & qu'il y avoit fait une fondation confiderable 15 ans avant fa mort.

Si les preuves du domicil de Paris pouvoient balancer les preuves du domicile de Doüay, il faudroit donner deux domicils au feu fieur de Pomereu , l'un de dignité de réfidence , & même de choix , l'autre de naiffance & établi fur une habitation paffagere ; mais tous deux fondez fur des preuves & des Actes differens ; les Appellans conviennent eux-mêmes dans leurs écritures

tures qu'un même homme peut avoir deux domicils, mais dans le concours de ces deux domicils, pourroit-on seulement douter qu'un Testament fait dans l'un de ces deux domicils, ne dût estre conforme aux Loix établies dans ce domicil, nul pretexte alors pour dire qu'un homme domicilié à Doüay, & qui y auroit testé, ne fut pas obligé d'accomplir les formalitez établies par la Loy du lieu où il a fait son Testament.

On va plus loin, & quand toutes ces preuves du domicil de Doüay ne pourroient égaler les preuves du domicil de Paris, il faudroit toûjours reconnoistre une grande difference entre un passager que le hazard auroit conduit à Doüay, qui y auroit esté surpris par une maladie imprévûë & par une mort précipitée, & qui y auroit testé; & le Gouverneur de Doüay, qui après y avoir résidé pendant 40 années y auroit testé & survécu plusieurs mois à son Testament, & si l'on avoit quelque prétexte apparent pour alleguer que ce passager uniquement instruit de la forme du Testament olographe pratiqué dans son Pays, n'auroit pas eu l'idée ni la facilité de consulter les formes du lieu où il testoit; on ne peut proposer ce prétexte à l'égard d'un Gouverneur qui y a résidé pendant 40 années, & qui a eu tant de facilité pour suppléer au défaut de ses propres lumieres, par celles de tous les Jurisconsultes & des Praticiens du lieu où il teste.

Mais en examinant la question comme s'il s'agissoit du Testament fait par un passager dans la ville de Douay, on ne pourroit encore soûtenir qu'un Testament olographe fait dans la ville de Douay sans la presence d'une personne Publique & de deux Témoins, pû valoir dans la Coûtume où ce Passager avoit son domicil, parce que cette Coûtume se contente que le Testament soit écrit & signé de la main du Testateur.

C'est une fausse idée que l'on donne, lorsqu'on soutient que c'est la Loy du domicil qui donne la capacité de faire un Testament olographe.

Qu'on dise que la Loy du domicil détermine la capacité de tester, tout le monde en conviendra; mais que la faculté de tester selon une forme, ou selon une autre, soit une capacité personnelle dépendante de la loy du domicil, & que l'on porte par tout, c'est ce qui n'a point été proposé jusques à present.

On distingue à l'égard des Testamens trois choses; la capacité de la personne, la qualité des biens dont on dispose, la forme de la disposition.

La capacité de la personne dépend de la loy du domicil du Testateur, ensorte que celuy qui est capable de disposer, suivant la loy de son domicil, porte cette capacité en tout lieu.

A l'égard des biens, pour sçavoir si on en peut disposer ou non, & jusqu'à quelle concurrence il faut consulter la loy de leur situation.

Mais à l'égard de la forme du Testament, elle se regle par la loy & la Coûtume du lieu où l'on dispose.

Inutile de rapporter les anciennes contestations qui se sont formées sur ce point entre les Docteurs; il y a déja plusieurs siecles qu'elles sont finies, & que tous les Auteurs conviennent uniformement, que la forme de tester dépend du Statut ou de la Coûtume du lieu où l'on teste.

On pourroit citer une infinité de Docteurs & d'Arrests pour ce sentiment; on en indiquera plusieurs à la marge*, & on se contentera de rapporter les expressions de quelques-uns des principaux Auteurs.

* Guy Pape, question 261. Julius Clarus, liv. 3. §. Testamentum, quæst. 56. Mᵉ René Chopin Coût. de Paris, liv. 2. tit. 4. n. 2. Papon, liv. 20. tit. 1. Mainard, liv. 5. c. 92. M. d'Expilly chap. 78. Bardet, tom. 2. liv. . . . ch. 66. Soëfve, to. . . . cent. 2.

C

La premiere est celle de Mantica dans son sçavant Traité *de conjecturis ul-timarum voluntatum*, liv. 6. tit. 8. n. 114.

Il établit que les Coûtumes assujettissent quant à la formalité de tester, non seulement les Citoyens, mais encore les Etrangers & les Passans.

Cæterum quod attinet ad formam ac solemnitatem testamenti, servari debet con-suetudo illius loci in quo testamentum conditum est; nam etiam statutum inducens novam formam & solemnitatem testandi, si loquatur simpliciter & indefinitè, nec sit restrictum ad cives tantum porrigitur ad Forenses qui eo loci faciunt testamenta.

L'Edit perpetuel n'admet de Testamens valables que ceux qui sont faits en la presence de Personnes Publiques & de Témoins : le Placard de 1620. explique ce qui resultoit assez de cet Edit, que les Testamens olographes sont sujets à cette formalité, ces deux loix sont absoluës, indefinies & sans restriction aux Habitans du Pays; donc elles ont leur application *ad Forenses qui eo loci faciunt testamenta.*

Une seconde autorité est celle de M. Cujas; il est vray qu'au liv. 4. de ses Observations n. 12. où il examine si le Testament se doit faire suivant la forme des lieux où les biens sont situez, ou suivant la loy du domicil du Testateur; il se détermine pour la forme établie par la loy du domicil.

Mais dans la Consultation 36. il examine la validité d'un Testament fait hors le lieu du domicil, & c'est la question dont il s'agit : voicy comme il s'exprime, *& præterea si probemus sententiam Bartholi in l. 1. c. de summa Trinit. & Fide Catholica, quam plerique omnes approbant & sequuntur hodie, debuit ejus municipii morem observare in Testamento faciendo Testator in quo Testamentum fecit, & in quo mox etiam vitâ functus est, & hors mores municipii ejus in quo Testatus esse proponebatur; nec aliter valeret Testamentum, quam si esset nuncupatum coram Tabellione, qui tamen nullus interfuerat.*

Voilà le Testament olographe de ce passager bien précisément condamné, lorsqu'il teste dans un lieu où la presence d'un Notaire est necessaire pour toutes sortes de Testamens.

La troisiéme autorité est celle de Me Charles Dumoulin dans son Conseil 53. n. 9.

Il dit que lorsque la Coûtume dispose de la solemnité & de la forme de l'Acte, les Etrangers qui passent des Actes dans le détroit de cette Coûtume, y sont assujettis, & que les Actes lient & engagent pour les biens situez hors le Territoire.

Et est omnium Doctorum sententia, ubicumque consuetudo vel statutum locale dis-ponit de solemnitate vel formâ actus, ligari etiam exteros ibi actum illum gerentes, & gestum esse validum, & efficacem ubique etiam super bonis sitis extra Territorium con-suetudinis vel statuti.

L'argument seur qu'on peut tirer de cette décision est, qu'un Acte nul par raport au lieu où il a esté passé, est nul en tous lieux.

La quatriéme, est de Me Antoine Mornac sur la Loy 6. ff. *de evictionibus.* Il s'explique en ces termes : *Regula sit ex hac Lege ex Lege prima infra, de usu-fructu, spectandum esse loci cujusque consuetudinem ubi de solemnitate actus agitur, quod non modo ad contractus, sed etiam ad Testamenta notandum est.*

La cinquiéme, est de Me Barthelémy Auzanet sur l'Art. 289. de la Coû-tume de Paris, *quid*, dit-il, d'un Testament fait par un François en Italie, en An-gleterre, en Espagne & autres Pays étrangers, selon la forme du lieu où il s'est fait, jugé qu'il eſt valable, même pour les biens ſituez en France, & par la même raiſon le Teſtament fait à Paris eſt valable, même pour les biens ſituez en Pays de Droit écrit, & autres Coûtumes qui deſirent de plus grandes formalitez; & ſi le Teſtament n'eſt accompagné des formalitez requiſes par la Loi & Coûtume du lieu où il a eſté fait, il doit eſtre declaré nul, encore qu'il ait toutes les formalitez obſervées au lieu où les biens ſont ſituez.

Il ne faut point propoſer que ces Auteurs n'ont point parlé ſpecifiquement du Teſtament olographe; c'eſt pour toutes ſortes de Teſtamens qu'ils forment leurs déciſions. Me Charles Dumoulin, Me Antoine Mornac & Me Auzanet ignoroient-ils qu'un grand nombre de nos Coûtumes avoient admis les Teſtamens olographes, auſſi-bien que les Teſtamens paſſez devant les perſonnes publiques.

C'eſt ſur l'Art. 289. de la Coût. de Paris, qui porte que pour faire un Teſtament ſolemnel, il faut qu'il ſoit écrit & ſigné de la main du Teſtateur, ou reçû par des Notaires, qu'Auzanet a écrit qu'un Teſtament nul dans le lieu où il a eſté paſſé eſt nul en tous lieux.

Mais, dit-on, il n'y a point à Paris de formes ni de ſolemnitez pour les Teſtamens olographes, quand on l'admettroit pour un moment, ne ſuffiroit-il pas qu'il y en eût à Doüay.

D'ailleurs il eſt certain, que même à Paris le Teſtament olographe a ſa forme & ſes ſolemnitez, l'Art. 289. de la Coûtume de Paris declare, que pour reputer un Teſtament ſolemnel, il faut qu'il ſoit écrit & ſigné de la main du Teſtateur ou paſſé pardevant Notaires, donc le Teſtament olographe a ſes formes à Paris.

On ſubtiliſe ſur ce mot reputé; ce n'eſt, dit-on, qu'une fiction, mais cette ſubtilité s'évanoüit lorſqu'on voit que ce terme a ſon application aux Teſtamens paſſez devant Notaires, auſſi-bien qu'aux Teſtamens olographes.

La forme & la ſolemnité du Teſtament olographe à Paris, eſt qu'il ſoit écrit & ſigné de la main du Teſtateur, ſi le Teſtateur l'avoit écrit ſans le ſigner, ou qu'il l'eût ſigné ſans l'avoir écrit, le Teſtament manqueroit dans la ſolemnité: donc ſi l'on fait un Teſtament dans un lieu où il faut ajouter à l'écriture & à la ſignature du Teſtateur la préſence de Notaires & de Témoins, ce Teſtament eſt nul en tous lieux, & pour tous effets.

En vain objecte-on que le Teſtament olographe eſt le ſeul ouvrage de l'affection & de la main du Teſtateur, qui en eſt en même temps, & l'Auteur, & le Miniſtre de ſa diſpoſition.

Cela eſt vrai à Paris, mais cela eſt faux à Doüay; & ce ſont les Loix obſervées à Doüay qu'il faut ſuivre, & non celles obſervées à Paris; de même qu'un Teſtament olographe fait à Paris, mais non ſigné du Teſtateur, ſeroit nul, quoiqu'il contint d'ailleurs toutes les marques d'une volonté claire & ſenſible; auſſi le Teſtament olographe fait à Doüay, ſi par ignorance, par oubli, ou parce que le Teſtateur n'y a pas voulu donner la derniere main, il n'eſt pas ſigné d'un Notaire & de Témoins, il eſt nul pour tous les effets.

Il ne faut, dit-on, ſuivre les formalitez judiciaires, inſtrumentaires ou légales à l'égard des Etrangers, que lorſqu'ils agiſſent, contractent & teſtent ſuivant les formalitez du lieu où ils ſe trouvent, parce que le miniſtere public ne peut donner de force à ce qui émane de ſon pouvoir, que ſuivant les Loix qui l'ont établi.

La réponse est, que s'il est vrai que le ministere public ne peut donner d'effet à ce qui émane de son pouvoir, que suivant les Loix de son établissement, il n'est pas moins vrai que lorsque ces Loix défendent de disposer sans le ministere public, tout Acte, tout Testament qu'on fait sans avoir recours à ce ministere est nul ; ce seroit un vice essentiel, si ce ministere public n'avoit pas accompli à l'égard d'un Testament ce que les Loix du Pays prescrivent; mais c'est un défaut encore plus radical & moins réparable, de n'avoir pas eu recours au ministere public, lorsque la Loy du Pays declare nul tout ce qui a esté fait hors la presence du ministere public.

L'inconvenient que l'on observe qui arriveroit à des Ambassadeurs, à des Generaux d'Armée & à d'autres personnes employées pour le service de l'Etat dans des Pays étranger, mérite peu d'attention.

Les Testamens ne sont pas assez favorables parmi nous, pour qu'on regarde comme un malheur réel la difficulté ou l'impossibilité de tester ; combien de personnes, soit par l'état de leur maladie, soit parce qu'ils ne peuvent ou ne sçavent point écrire, ou parce qu'ils manquent de Notaires ou Témoins de la qualité requise ne testent point, c'est la Loy, c'est la Coûtume qui dispose alors de leurs biens, & qui distribuë leurs successions, & la disposition de la Loy a autant de faveur, & souvent plus de sagesse que la disposition de l'homme.

Mais si cet Ambassadeur, cet homme d'état a son domicil en Pays de Droit écrit ; ce seroit envain qu'il voudroit faire un testament olographe en Pays étranger, puisqu'il ne seroit pas même autorisé à le faire par la Loy de son domicil ; mais dans tous les cas il doit s'imputer de n'avoir pas testé avant que de partir dans le lieu & suivant les Loix de son domicil.

On sent d'ailleurs combien ces inconveniens ont peu d'application à la situation du sieur de Pomereu qui a testé dans un lieu dont il estoit Gouverneur depuis 40 ans, où tout le monde parle le langage François, & où il luy estoit si aisé de sçavoir la forme des Testamens & de l'executer.

Messieurs de Pomereu opposent à toutes les autoritez qu'on a citez, le sentiment de Ricard, chap. 7. de son Traité du don mutuel, où il décide que le caractere que le Testateur a par la Loy de son domicil, de faire un Testament olographe, est attaché & inhérent à sa personne, que c'est une faculté personnelle qui l'accompagne en quelque endroit qu'il aille.

On ne prétend rien diminuer du merite & de la consideration qu'on a pour cet Auteur ; si ce qu'on cite estoit veritablement de luy, il suffiroit d'avoir détruit les pricinpes de son opinion. Il est trop évident que ce n'est point une capacité personnelle que la Coûtume de Paris communique lorsqu'elle veut que le Testament soit écrit & signé de la main du Testateur? c'est une forme qu'elle prescrit, que le Testateur peut executer seul lorsqu'il est à Paris; mais qui ne peut estre suffisante lorsqu'il teste dans un Pays dont la Loy requiert d'autres formalitez.

Mais il faut observer que ce que l'on impute à Ricard est un ouvrage posthume ajouté dans un lieu étranger à la fin du Traité du don mutuel ; le Titre porte que ce chapitre a esté trouvé dans ses papiers après sa mort, & on sçait la difference que l'on a toûjours fait entre ce que cet Auteur a donné de son vivant ; & ce que l'on a ajouté à son ouvrage depuis sa mort, soit que ces additions soient d'une main étrangere, soit qu'elles ayent esté

rejettées

rejettées & mifes au rebut par l'Auteur même, on ne les a jamais confideré que comme un ouvrage qu'on luy a fuppofé, ou qu'il avoit luy-même condamné.

En effet cet Auteur fur l'Art. 289. de la Coûtume de Paris qui explique la forme du Teftament olographe fe fert de ces termes. *Le Teftament doit eftre fait fuivant les formes & folemnitez requifes par la Coûtume du lieu où le Teftament eft fait, & tel Teftament a fon effet par tout; mais pour juger de quoi le Teftateur a pû difpofer, il faut avoir égard aux Coûtumes où les biens font fituez.*

Le même Auteur dans fon Traité des donations part. 1. chap. 5. fect. 1. num. 1286. & fuivans, décide formellement que le Teftament fait fuivant les formes établies dans le lieu où il a efté paffé a fon execution par tout, & il en raporte un très-grand nombre d'Arrefts; c'eft dans le Siege même de la matiere & non dans un lieu étranger qu'il le decide.

Mais dans la fect. 7. num. 1560. en traitant la queftion de fçavoir, fi les Teftamens olographes doivent contenir la datte & le lieu, il s'explique en ces termes: *La datte & le lieu doivent faire juger de fa validité, & fi les Loix qui s'obfervent dans le lieu où il a tefté permettent de faire un Teftament olographe.*

C'eft dire bien nettement, qu'un Teftament olographe eft nul pour tous effets & en tous lieux, lorfque les Loix qui s'obfervent dans le lieu où il a efté paffé ne permettent pas de faire un Teftament olographe.

On a voulu agiter une queftion étrangere, de fçavoir fi le lieu & la datte eftoient de l'effence du Teftament olographe; mais il fuffit par raport a la queftion dont il s'agit, que Ricard ait cru que le lieu eftoit neceffaire pour fçavoir s'il eftoit permis de faire un Teftament olographe.

Au furplus il feroit aifé de concilier les avis contraires, fur la neceffité du lieu & de la datte des Teftamens olographes par le fentiment de Mornac, qui parlant du lieu, dit qu'il faut qu'il paroiffe du moins par des conjectures certaines du lieu où le Teftament a efté fait, *fi modo appareat aliunde manifeftifque probationibus ubi confecta res fuerit.*

Les Appellans pour perfuader que l'on porte par tout la faculté de faire un Teftament olographe, ont cité en leur faveur l'Arreft de Picquaffari du dernier Avril 1625. dont on a déja parlé.

Mais cet Arreft fuivant le témoignage de Ricard Traité des Donations, partie 1. n. 1491. a fimplement jugé que les Teftamens olographes eftoient reçûs dans la Coûtume d'Angoumois; Vigier Commentateur de cette Coûtume; Bardet qui a rapporté cet Arreft tome 2. ne luy attribuë point d'autres motifs ni d'autre décifion; mais la lecture de l'Arreft qui eft produit, & du Plaidoyé de M. Talon qui y eft inferé, juftifie fuffifamment qu'il ne fut jamais queftion de fçavoir fi l'on pourroit porter hors de fon domicil la faculté de faire un Teftament olographe, ni M. Talon, ni les Défenfeurs des Parties n'ont jamais imaginé qu'on pût avancer une pareille propofition.

En effet la Cour, fur les Conclufions de M. Talon, avoit difertement jugé par l'Arreft d'Andras du 10 Mars 1620. qui eft produit au Procès, que le Teftament olographe fait par Andras Bourgeois de Paris à Bruxelles eftoit nul faute d'avoir obfervé les formalitez de l'Edit perpetuel; cet Andras avoit paffé un Contrat de Mariage à Paris le 28 Decembre 1610. & ftipulé une peine en cas d'inexecution; il fit un voyage à Bruxelles avant que le Mariage eut efté celebré; là il fait fon Teftament écrit & figné de fa main dans une Lettre miffive, par laquelle il inftituë Marie Pinard fon Accordée fa

D

Légataire universelle. Procés aprés sa mort pour la validité du Testament porté au Chastelet de Paris ; on soutenoit qu'un Bourgeois de Paris avoit pû faire un Testament olographe à Bruxelles, quoiqu'il n'eût pas observé les formalitez prescrites par l'Edit perpetuel, la Sentence en accordant à Marie Pinard la peine de 2000 liv. portée par le Contrat de Mariage, la debouta de sa demande en délivrance du legs universel. Sur l'Appel porté en la Cour il paroist par l'Arrest dont on a produit une expedition, que M. l'Avocat General Talon dit, *que le défunt qui avoit esté employé toute sa vie à la conduite des affaires du Palais, n'ignoroit point la forme de tester, pour s'il eût eu volonté comme prétend l'Appellante de luy donner valablement, mander deux Notaires, & faire son Testament, ce que n'ayant la missive sans Témoins, qui n'a esté tenuë secrete, ne peut tenir lieu de Testament pour avoir les biens ; mais est duë estre contente de ce que le Prevost de Paris luy adjuge 2000 liv. & desmeubles.* L'Arrest confirme la Sentence.

Rien n'est plus précis que cet Arrest, qui juge qu'un Testament olographe fait par une personne domiciliée à Paris dans la Ville de Bruxelles, où l'Edit des Archiducs est observé, est absolument nul.

Il est vray que lors de cet Arrest, l'on opposoit que ce testament fait par une simple Lettre missive ne pouvoit valoir.

Mais outre qu'il a esté jugé par l'Arrest de Pavard du 28 Juin 1678. raporté au sixiéme tome du Journal du Palais, qu'un Testament olographe fait par une Lettre missive dans les lieux où les Testamens olographes sont permis estoit valable, M. l'Avocat General Talon ne fonde la nullité de ce testament que sur ce qu'il estoit fait par une missive *sans Témoins.*

Mais pour terminer cette derniére partie du Procés, on ajoutera deux sortes de preuves, les unes tirées du sentiment des Auteurs & des Magistrats de Flandres ; l'autre de l'aveu & de la reconnoissance des Officiers du Chastelet :

Pierre Stocman fameux Auteur des Pays-Bas, décision 9. & Anselme §. 89. Art. 11. 12. & 13. raportent une Declaration donnée par le Roy d'Espagne, le dernier Juin 1634. qui décide qu'un Testament fait à Bruxelles suivant la forme de l'Edit perpetuel devoit estre executé, même dans les Pays qui exigent de plus grandes formalitez : d'où il naist un argument bien seur que le Testament qui n'est point fait avec les formalitez du lieu où l'on teste ne peut valoir en aucun autre Pays.

Mais dans l'Acte de notorieté du Lieutenant General & des Officiers de la Gouvernance de Doüay dont on a déja parlé, il est dit, *qu'un Testament fait à Doüay avec les solemnitez de l'Art. 12. a effet pour tous les biens dont le Testateur avoit la libre disposition, quoique situez dans des lieux où les Loix & les Coûtumes requierent un plus grand nombre de Témoins & d'autres solemnitez plus grandes pour la forme exterieure des Testamens, suivant la Declaration qu'on vient de citer ; & qu'au contraire un Testament fait à Doüay sans les solemnitez dudit Art. 12. est absolument nul & ne peut produire aucun effet, même pour les biens situez dans des Coûtumes qui requierent moins de formalitez pour les Testamens, parce que les formalitez de l'Art. 12. estant produites pour asseurer la preuve de l'Acte, & rendre la volonté du Testateur certaine ; dés que ces solemnitez manquent, il est censé n'y avoir point de volonté, & par consequent la disposition est absolument nulle.*

Il est vray que cet Acte de notorieté n'a pas esté ordonné par la Cour ; mais comment le rejetter sans accuser la foy de tout un Siege, & les lumieres des Juges qui parlent sur un point qui regarde l'interpretation de leurs propres

Loix, on voit même qu'ils tiennent le même langage que M. Talon a tenu dans l'Arrêt d'Andras, lorsqu'il a dit que si Andras eût eu volonté de tester, *il auroit appellé des Notaires*, ce qui prouve que ce défaut de formalité produit non seulement un vice dans la forme, mais encore une preuve d'imperfection dans la volonté du Testateur.

La seconde preuve se tire d'un Acte de notorieté donné par les Juges du Chastelet le 13 Septembre 1702. sur l'avis des Anciens Avocats & Procureurs, après en avoir communiqué aux Gens du Roy.

Il s'agissoit d'un Testament olographe fait à Paris par une personne domiciliée en Languedoc; non seulement les Juges du Chastelet declarent que *le Testament olographe fait à Paris par une personne domiciliée en Pays de Droit & écrit, ou ailleurs est bon & valable, pourvû que ce qui est prescrit par la Coûtume de Paris ait esté observé, auquel cas on ne peut jamais le rendre nul, en disant que ce qui est écrit par les Loix & les Coûtumes des autres Provinces n'a pas esté observé; mais ils ajoutent par une raison contraire que si une personne domiciliée à Paris faisoit son Testament dans le Pays de Lauragois sans observer ce qui est prescrit par la Loi de cette Province, ce Testament seroit nul, quoiqu'il fût écrit & signé & datté de la main du Testateur, & ne pourroit estre executé, ni à Paris, ni ailleurs, si la Coutume de cette Province est contraire.*

Rien n'a plus choqué les Appellans que cet Acte de notorieté qui est si précis, & qui a esté donné dés l'an 1702. seize ans avant la mort du sieur de Pomereu, ils ont taxé d'infidelité le premier Magistrat du Chastelet qui a signé cet Acte, comme si le souvenir de ses lumieres & de sa probité ne suffisoit pas pour assurer la verité & l'autorité de cette décision.

Ils ont rapporté une transaction, par laquelle l'heritiere instituée par ce Testament a cedé une petite portion des biens de la Testatrice aux heritiers *ab intestat*, comme si cet accommodement qui laisse le surplus à l'heritiere instituée ne servoit pas à prouver que les Parties interessées ont deferé à la solidité des maximes établies par cet Acte de notorieté.

Ils ont produit un Certificat de Messieurs les Gens du Roy du Parlement d'Aix, qui porte qu'un Testament olographe fait par un Provençal hors de la Province, ne peut estre executé sur les biens de Provence, que pour les dispositions faites à des enfans & pour la cause pie; mais que sert ce Certificat par raport à la Coûtume de Paris qui autorise expressément les testamens olographes, il est bien seur qu'ils n'ont parlé que par raport aux seuls Pays de Droit écrit qui environnent la Provence où les Testamens olographes ne peuvent valoir qu'en faveur des enfans & de la Cause pie.

Ainsi il est évident que Messieurs de Pomereu ne peuvent tirer aucun avantage d'un Testament qui est nul suivant les Loix du lieu où il a esté fait, & qui ne pourroit jamais avoir d'effet ailleurs, quand même on supposeroit que le sieur de Pomereu n'auroit pas eu son domicil à Doüay dont il estoit Gouverneur.

Monsieur DE PARIS, Raporteur.

Me TARTARIN, Avocat.

BOUGAREL, Proc.

COPIE DU TESTAMENT

Du 21 Juin 1718.

IN NOMINE PATRIS, ET FILII ET SPIRITUS SANCTI.

Cecy est ma derniere volonté, écrite à Doüay, ce 21 Juin 1718.

JE donne quarante mille liv. à Madame d'Eaubonne, à condition que son mary l'en laissera joüir pour son entretien.

Je donne à Madame la Présidente Rossignol, quarante mil liv. & mon Lustre d'argent de Mademoiselle.

Je donne à Monsieur de Marivats quarante mil l. s'il ne se marie point, ou s'il n'a point d'enfans, ils retourneront à mon neveu l'Intendant de Champagne.

J'ordonne un Diamant de quinze cens liv. à Madame Join, que je fais mon Executrice Testamentaire.

J'ordonne à mes Gens qui n'ont pas dix années de service, autant d'années de gages qu'il y a qu'ils me servent ; c'est environ cent dix liv. par an.

Après cela, je donne à mon neveu l'Intendant de Champagne tous mes biens, vaisselle d'argent & Contrats, à la reserve de ma Terre de la Breteche que je donne toute meublée à son fils le Marquis de Ricey, aujourd'huy Maistre des Requêtes ; je la substituë tant qu'il y aura des mâles de mon nom, aussi long-temps que peut aller la substitution, & s'ils la vendent : je la donne à l'Hôpital General.

J'ordonne cent mil l. d'argent au Marquis de Ricey sur le plus beau de mes biens.

Comme aux R. R. P. P. Jesuites de Doüay, mon tombeau y est : J'ordonne qu'on porte mon corps à la Breteche, où on mettra mon cœur dans la Chapelle du Château, où j'ordonne une Messe les Festes & Dimanches, moyennant cinq cens liv. par an, pour un Prestre, à qui on donnera deux Chambres dans la basse-court ; le Prestre fournira le vin, & on emportera mon corps à Doüay, quand on pourra. *Signé*, DE POMEREÜIL.

A Doüay ce 22 Juin 1718.

Premier Codicile du 22 uin 1718. J'ordonne à mon neveu le Marquis d'Autrive Conseiller, quatre-vingt mil liv. à prendre sur le plus beau de mes biens, comme aussi au Chevalier, trente mil liv. ce 22 Juin 1718. *Signé*, DE POMEREÜIL.

Je

Je ne change rien à mon Teſtament.

Je donne au Marquis d'Autrive Conſeiller, la Maiſon de Paris, avec tous les meubles, hormis le luſtre & les deux chenets d'argent; comme il m'a dit qu'il y aura difficulté pour ma Maiſon; je luy donne quatre-vingt mil liv.

Je donne cinq cent liv. de rente ſur mes rentes de la Ville, à un Preſtre qui ſera nommé par le Seigneur, qui dira la Meſſe au Château quand il plaira au Seigneur, & ſera obligé d'enſeigner les Pauvres des Villages S. Nom, la Breteche, Val-Martin, & la Tuillerie; il y a deux places en bas dans la Salle, une pour l'Ecole, & l'autre pour ſa chambre; il y a à la Maiſon qui eſt à S. Nom, qui a été donnée pour enſeigner, qu'on y pourra ajouter, ſi on le trouve à propos, & le Preſtre qui dira la Meſſe, dira un *De profundis* pour moy; s'il ne peut enſeigner, il dira la Meſſe. Fait à Doüay le 10 Mars 1713. *Signé*, DE POMEREÜIL.

Mon cœur ſera porté à la Paroiſſe S. Nom. Si j'ay un Aumônier à ma mort, il joüira de quatre cent liv. ſa vie durant.

S'il y a du nom qui reſte, & qu'on vende la Breteche, je la donne à l'Hôtel-Dieu.

Et ſur l'envelope. Cecy eſt mon Teſtament, ce 22 Juin 1718.

§§

DECLARATION DES ARCHIDUCS,
du 18 Septembre 1620. tirée des Regiſtres du Conſeil de Bruxelles.

A L'EMPEREUR ET ROY.

S. M. I. & Catholique, permet au Secretaire d'Etat ſouſſigné, de donner aux Sup-plians, copie authentique de l'avis & réſolution cy-mentionnez, qui repoſent dans les Archives du Conſeil Privé: Si declare Sadite M. que les Ordonnances in-terprétatives, qui ont eſté données audit Conſeil ſur l'Edit perpetuel de l'an 1611. ont force de Loy dans les lieux où le même Edit doit eſtre ſuivi & obſervé. Fait à Bruxelles le 18 Novembre 1719. J. V. SNELLINCK.

REMONTRENT très-humblement Meſſire Gervais Lefebvre d'Aubone, Conſeiller honoraire au Parlement de Paris; Dame Agnés-Catherine de Pomereu ſa femme; Dame Michelle de Pomereu, veuve de feu M. le Pre-ſident Roſſignol, & Meſſire Pierre Boutet de Marivats, premier Gentilhom-me ordinaire de S. A. R. Monſeigneur le Duc d'Orleans, qu'ils ſont en Procez au Parlement de Paris contre Meſſieurs de Pomereu Maiſtres des Requeſtes & Conſorts, au ſujet du Teſtament olographe, fait à Doüay par feu M. de Pomereu Gouverneur de ladite Ville, dans lequel Procès ils ont allegué pour l'établiſſement de leur bon droit, la réponſe donnée par les Archiducs, le 19 Decembre 1620. ſur la conſultation du Conſeil de Namur du 2 Septem-

bre de la même année, en interpretation de l'Art. 12. de l'Edit perpetuel desdits Archiducs de l'an 1611. & comme les Remontrans ont besoin de justifier la verité & l'autorité de cette interpretation , cause qu'ils se retirent vers V. M. I. & Catholique.

Suppliant trés-humblement estre servie , d'accorder aux Supplians l'expedition authentique desdites consultations & réponses , par extrait des Registres reposans aux Archives du Conseil Privé, comme aussi de declarer que ladite réponse & aucunes de pareille nature données en interprétation dudit Edit ont force de Loy dans tous les lieux où ledit Edit doit estre suivi & observé.

MESSEIGNEURS , en visitant le Procés intenté en ce Conseil par Messire Jacques Ghenart Chanoine de S. Jean en Liege & Consorts Demandeurs , contre Everard de Ghenart Sieur de Sohier , comme pere & Tuteur d'Everard son Fils & Consorts, Défendeurs, est émûe une difficulté qu'avons trouvé convenir de representer à V. S.

Hubert Ghenard Sieur de Vuanlin, étant audit lieu de Vuanlint, Pays de Namur , a disposé de ses biens situez , tant audit Namur qu'en Liege & en Allemagne , au profit d'aucuns siens freres , sœurs & de leurs enfans , par ordonnance de derniere volonté du 3 Juin 1615. écrite & soussignée de sa main, avec clause codicilliaire.

Cette disposition est débatuë de nullité par lesdits Demandeurs freres & sœurs dudit Testateur, à raison que les solemnitez ordonnées par le 12 Artt. de l'Edit perpetuel du 12 Juillet 1611. n'y ont esté observées.

Au contraire, les Défendeurs ont maintenu qu'icelles solemnitez ne sont requises au cas que l'Ordonnance de derniere volonté est entierement écrite & signée par le Testateur.

Nous tenons que par l'Art. 66. des Coûtumes de ce Pays , est disposé touchant la formalité & nombre des Témoins requis en l'approbation d'un Testament ; mais qu'il n'est disposé par iceluy Art. ni par autre que les solemnitez doivent estre observées en la confection , & consequemment que le susdit Art. 12. doit avoir lieu en ce Pays : entr'autres circonstances representées d'un costé & d'autre touchant ledit Testament se trouve contrarieté d'opinions , en ce qu'aucuns tiennent que ledit Art. 12. doit avoir lieu , hors même qu'il soit certain que le Testament soit entierement écrit & signé par le Testateur , autres maintiennent que non , & qu'en tel Testament n'est necessaire d'observer les solemnitez ordonnées par ledit Art. 12.

D'autant que ce point est de grande consequence ; supplions trés-humblement que leurs Altesses soient servies , par forme d'interpretation , declarer si les solemnitez ordonnées par ledit Art. 12. doivent estre observées , au cas qu'il est certain que la disposition & volonté derniere est écrite entierement & soussignée par le Testateur , soit qu'il dispose au profit des Etrangers ou des enfans, prians sur ce Dieu, MESSEIGNEURS , vous avoir en sa sainte garde, de Namur le 2 de Septembre 1620. De vos Seigneuries serviteurs.

Les Président & Gens du Conseil Provincial de leurs A. A. S. ordonné à Namur , plus bas estoit le Greffier absent. Signé, M. DE BRUXELLES.

Je soussigné Secretaire d'Etat de S. M. I. & C. & Tresorier des Ar-

chives du Conseil Privé, certifie à tous ceux qu'il appartiendra, que la suf-
dite copie accorde de mot à autre avec son original qui se garde dans lesdits Archives, en foi de quoi j'ai signé la presente, & y ai apposé le cachet
des Armes de sadite Majesté, à Bruxelles le 25 Novembre 1719. Signé,
J. V. INELLINCK.

LES ARCIDUCS, &c.

Chers & Feaux, Nous avons vû ce que representez à ceux de nostre Conseil Privé, par l'Arrest du 2 de ce mois sur la difficulté qu'avez rencontré en
visitant le Procés mû pardevant Vous, par le Chanoine Ghenart avec ses
Consorts, contre Evrard Ghenart comme Tuteur de son Fils & autres Défendeurs, sur quoy vous disons que comme le dispositif de l'Art. 12. de
notre Edit perpetuel de l'an 1611. est general; nous entendons aussi qu'il
ait lieu, soit que le Testament soit écrit & signé par le Testateur ou non;
& vous vous pourrez regler selon ce; cependant Chers & Feaux, Nostre
Seigneur Dieu vous ait en sa sainte garde, de Bruxelles le 18 de Septembre
1620.

A ceux du Conseil de Namur.

Je soussigné Secretaire d'Etat de S. M. I. & C. & Tréforier des Archives
du Conseil Privé, certifie à tous ceux qu'il appartient, que la susdite copie
accorde de mot à autre avec son original, qui se garde dans lesdits Archives,
en foi de quoi j'ai signé la presente & y a apposé le cachet des Armes de Sadite Majesté. A Bruxelles le 25 Novembre 1719. Signé, I. V. INELLINCK.

ARREST QUI JUGE QU'UN TESTAMENT
olographe fait par un François à Bruxelles, sans Notaire
& Temoins, est nul.

LOUIS, &c. Au Premier des Huissiers de nostre Cour de Parlement, ou
autre notre Huissier ou Sergent sur ce requis; Sçavoir, faisons, qu'entre
Marie Penard, és noms qu'elle procede, Appellante de la Sentence du Prevost
de Paris, du 8 May dernier d'une part, & Jacques Andras, Intimé d'autre; sans
que les qualitez puissent prejudicier, Bechef pour l'Appellante, dit que le 24
Novembre 1610. feu Gilbert Andras s'en allant en Flandres luy avoit promis
mariage, pour l'effectuer à son retour, luy faisant dèslors un don & revenu, le
mariage contracté le 28 Decembre 1616. n'el'ayant à cause de l'Avent pû ache-
ver; mais disposition à son profit, & retourné Flandres, tombe malade le 5 Juillet 1618. auroit par la missive à elle écrite & signée de sa main disposé de ses
biens, & à elle donné aprés son decés avenu, ayant fait demande de 3600
l. quelques meubles & autres choses, & saisie les biens; le Prevost de Paris en
a fait main-levée aux Intimez, adjugeant seulement à l'Appellante pour dom-
mages & interest 2000 l. dont est son Appel, auquel attendu la disposition
des biens en France, par un François né & decedé en Pays regi par le Droit
écrit soit dit mal jugé, & qu'elle aura délivrance de ce qui luy a esté donné

le 5 Juillet : Le feron pour les heritiers par benefice d'Inventaire, dit que la difpofition prétenduë par la Promeffe & Contrat non infinuez ne font valables, ne la derniere par miffive, mais nulle, tant par le Statut & Ordonnance des Archiducs où il eft décedé, qui n'admettent les Teftamens olographes, finon du pere au fils, que pour n'avoir gardé les formes du Droit écrit pour le Teftament ou Codicil ; Talon pour noftre Procureur General, dit que le Défendeur toute fa vie avoit efté employé à la conduite des affaires du Palais, n'ignoroit point la forme de tefter, pour s'il eût eu volonté, comme prétend l'Appellante, de luy donner valablement, mander deux Notaires & faire Teftament, ce que n'ayant la miffive fans Témoins qui n'a efté tenuë fecrette ne peut tenir lieu de Teftament pour avoir les biens, mais s'eft dû contenter de ce que le Prevoft de Paris luy adjuge 2000 l. & des meubles ; noftredite Cour a mis l'appellation au néant : Ordonne que ce dont eft Appel fortira fon effet, condamne l'Appellante és dépens de la caufe d'Appel : Si te mandons mettre le prefent Arreft à execution, de ce faire te donnons pouvoir. Donné en Parlement le dixiéme Mars l'an de grace mil fix cent vingt : Et de noftre Regne le neuviéme.

ACTE DE NOTORIETE' DE LA GOUVERNANCE
de Doüay.

NOUS fouffignez Lieutenant General Civil & Criminel, & Confeillers de la Gouvernance du Souverain Bailliage de Doüay & Orchies, certifions & atteftons à tous qu'il appartiendra, que dans la Coutume de de Doüay, quoiqu'icelle y foit decretée, mais que ne prefcrivant point la forme des Teftamens, ils doivent y eftre faites avec les formalitez & folemnitez requifes par l'Art. 12. de l'Edit perpetuel des Archives du 12 Juillet 1611. à peine de nullité, & que cet Article eft fuivi & obfervé pour la forme des Teftamens en ladite Ville de Doüay.

Que aux termes de cet Edit un Teftament entierement écrit & figné de la main du Teftateur, eft nul s'il n'eft en outre revêtu des folemnitez prefcrites par le difpofitif dudit Art. 12. lequel a lieu, foit que le Teftament foit écrit & figné par le Teftateur ou non, fuivant ce qui a efté décidé par la Declaration des mêmes Archiducs du 19 Septembre 1620. qui fe trouve au quatriéme Volume des Placards de Brabant, fol. 477. & qu'en confequence un Teftament olographe fait à Doüay, qui n'a pas efté reconnu pardevant Notaire, Curé, ou Vice-Curé, & deux Témoins à ce appellez, &c. fuivant ledit Art. eft notoirement tenuë pour nul & de nulle valeur.

Qu'un Teftament fait à Doüay avec les folemnitez dudit Art. 12. a effet pour tous les biens dont le Teftateur avoit la libre difpofition, quoique fituez dans des lieux où les Loix & les Coûtumes requierent un plus grand nombre de Témoins, ou d'autres folemnitez plus grandes pour la forme anterieure des Teftamens, fuivant la Declaration expreffe donnée par le Roy Catholique en fon Confeil Privé, à Bruxelles le dernier Juin 1634. raportée par Stochman, décif. 9. & qu'au contraire un Teftament à Doüay fait fans les folemnitez dudit Art. 12. eft abfolument nul & ne peut produire aucun effet,

même

pour les biens fituez dans les Coûtumes qui réquierent moins de formalitez pour la paffation des Teftamens ; parce que les formalitez de l'Art. 12. étant introduites pour affurer la preuve de l'Acte à rendre la volonté du Teftateur certaine, dés que ces folemnitez manquent, il eft cenfé de n'y avoir point de volonté ; & par confequent la difpofition eft entierement nulle.

Qu'enfin la difpofition de l'Art. 13. du même Edit ne regarde point les formes exterieures des Teftamens, qui fervent à établir la preuve de l'Acte, & rendre la volonté du Teftateur certaine ; mais qu'elle ne peut avoir fon application qu'aux folemnitez qui regardent le fond des difpofitions, & fans lefquelles les Coûtumes ne permettent point de difpofer, comme il eft nécef-faire en quelques Coûtumes de fe desheriter, en d'autres d'avoir atteint un certain âge, &c. A l'égard defquelles formalitez, il faut fuivre celles pref-crites par lefdites Coûtumes ; & au furplus, obferver la forme exterieure des Teftamens, fuivant la Coûtume du lieu, fi elle y eft prefcrite : finon fe con-former à ce qui eft ordonné par la difpofition dudit Art. 12. dudit Edit per-petuel. Ainfi certifié & attefté à Doüay, le quatriéme Avril mil fept cent dix-neuf. Signéz, CUSLIN, F. B. DELISAULX, DESVAUX, LEBARBIER.

Scellé & contre-figné par le Greffier de ladite Gouvernance. Signé, D. LEVAVEY.

✠✠

ACTE DE NOTORIETÉ,

Sur la validité des Teftamens olographes, & les cas aufquels les difpofitions qui y font contenuës, peuvent avoir lieu, ou eftre reftraintes.

SUR la Requefte judiciairement faite par Maître Jean Marier, Procu-reur de Jean-François de Paulo, Chevalier, Comte de Calmont, Séné-chal de l'Auragois, qui a dit : Que Damoifelle Anne Difaru, Dame de Mail-locq, & autres lieux, Marquife de Saint-Amand, eftant dés l'année 1697. venuë de la Province de Languedoc, où fes biens font fituez, en cette Ville de Paris ; & ayant fait un Teftament olographe en cettedite Ville le 20 Dé-cembre 1698. qui eft écrit & figné de la main de ladite Dame de Saint-Amand, par lequel entr'autres chofes, elle fait fon heritiere univerfelle la fille dudit Sieur Comte de Calmont : Et comme ladite Dame de Saint-Amand eft dé-cedée à Paris le deuxiéme May dernier, ledit Sieur Comte de Calmont pour l'interêt de la Damoifelle fa fille s'eft mis en devoir de joüir de l'effet dudit Teftament olographe : Et d'autant que la Damoifelle Teffier, femme du Sieur Garden, & le Sieur fon frere, prétendent eftre les plus proches heri-tiers du fang de ladite défunte Dame Marquife de Saint-Amand, arguent & combattent de nullitez ledit Teftament pardevant le Sieur Sénéchal de Touloufe, où les Parties font en Procès, parce qu'ils prétendent qu'il n'eft pas fait felon la difpofition du Droit Ecrit, qui veut entr'autres chofes que

F

ces sortes de Testamens olographes soient signez de certain nombre de Témoins.

C'est pourquoi comme le Testament en question, est fait à Paris, où il n'est pas d'usage pour la validité d'icelui (aux termes mêmes de la Coûtume & la Jurisprudence des Sentences & Arrêsts de la Cour) de faire signer à ces sortes de Testamens olographes aucuns Témoins, qu'un Testateur ou Testatrice n'est point assujetti à aucunes formalitez, quand son Testament olographe est écrit & signé de sa propre main ; & qu'il suffit qu'il soit (comme dit est) écrit & signé de la main de ladite Dame de Saint-Amand pour qu'il aye son execution ; & d'autant que ledit Sieur Comte de Calmont a interest d'avoir un Acte de notorieté de l'usage qui s'observe au Châtelet de Paris, quand il se presente de pareilles questions ; il requiert qu'il nous plût, attendu ce que dessus, attester & notifier, que lorsqu'un Testament olographe est écrit & signé de la main du Testateur ou Testatrice, fait en cette Ville de Paris, il a son execution non seulement en cette Ville de Paris, mais aussi par tout ailleurs, sans que le Testateur soit obligé à aucunes formalitez telles qu'elles puissent estre, ni même que lesdits Testamens olographes soient assujettis à estre signez d'aucuns Témoins.

NOUS, après avoir pris l'Avis des anciens Avocats & Procureurs, communiqué aux Gens du Roy, & conferé avec les Conseillers de ce Siege : DISONS, que pour entendre & résoudre les difficultez qui se peuvent faire au sujet d'un Testament olographe fait à Paris, il est nécessaire d'expliquer les maximes, qui, quoique triviales, dérivent néanmoins de principes certains, qui conduisent à une décision fort juste. La maxime la plus veritable est, que l'on considere trois choses dans les Testamens.

La premiere, la capacité de la personne qui le fait, si elle a l'âge competent : ce qui se regle suivant la Coûtume du domicil de sa naissance, parce que cette habileté qui vient de l'origine est fondée sur la Loy qui s'observe dans le Païs de la naissance de la personne qui fait un Testament.

La seconde, regarde la validité du Testament : ce qui se doit regler suivant la Loy du Païs où le Testament est fait. De maniere que si une personne domiciliée à Paris fait un Testament ou pardevant Notaires, ou olographe dans un Païs de Droit Ecrit, ou coûtumier, où les formes prescrites pour faire les Testamens sont differentes de celles de Paris, le Testament seroit nul ; parce que pour la validité d'un Testament, il faut nécessairement observer les formalitez requises par la Loy, ou la Coûtume du lieu où il se fait.

La troisiéme, que le Testament fait dans les formes prescrites par la Coûtume du lieu où il se fait, ne peut avoir son execution que jusqu'à concurrence de ce que la Coûtume du domicil du Testateur le permet à l'égard des meubles, & à l'égard des immeubles jusqu'à concurrence de ce que permet les Coûtumes des lieux où ils sont situez.

Ces maximes establies & supposées veritables, il ne sera pas difficile de dire, que Testament olographe fait à Paris par une personne domiciliée en Païs de Droit Ecrit, ou ailleurs, est bon & valable, pourvû que ce qui est prescrit par la Coûtume de Paris ait esté observé, auquel cas on ne peut jamais le rendre nul, en disant que l'on n'a pas observé ce qui est prescrit par les Loix & les Coûtumes des autres Provinces.

Il eſt vrai, que ſi l'on pouvoit détruire la maxime (qu'il ſuffit pour la validité d'un Teſtament qu'il ſoit fait ſuivant les formes preſcrites par la Coûtume du lieu où il ſe fait,) celui dont il eſt queſtion ne pourroit pas avoir
ſon execution, parce qu'il pourroit eſtre nul, ſuivant ce qui s'obſerve en
quelques Païs de Droit Ecrit, qui originairement avant le temps de Valentinien ne reconnoiſſoit pas les Teſtamens olographes, dont l'uſage n'a eſté
bien établi que par une Novelle qui eſt dans le Code Theodoſien, qui eſt
le Titre 4. des Novelles de Valentinien, & la Novelle 107. au Code de Juſ-
tinien : Et il ſeroit vrai de dire, que ſi une perſonne domiciliée à Paris fai-
ſoit ſon Teſtament dans le Païs de l'Auragois, ſans obſerver ce qui eſt preſ-
crit par la Loy de cette Province, ce Teſtament ſeroit nul, quoi qu'il ſoit
écrit, ſigné & datté de la main du Teſtateur, & ne pourroit p. eſtre executé à Paris, ni ailleurs, ſi la Coûtume de cette Province eſt contraire.

Par une raiſon contraire, l'on conclura que c'eſt avec beaucoup de juſtice,
& ſuivant les veritables maximes de Juriſprudence, qu'un Teſtament olograp-
phe écrit, ſigné & datté de la main du Teſtateur, fait à Paris, eſt bon ; qu'il ne
peut eſtre argué de nullité dans la forme ; mais que les diſpoſitions y contenuës n'auront lieu, que ſuivant celles de la Coûtume du domicil du Teſtateur pour les meubles ; & pour ce qui concerne les immeubles, les diſpoſitions ſeront reſtraintes, & n'auront lieu qu'autant qu'il aura eſté permis au
Teſtateur de diſpoſer, ſuivant les Coûtumes où les immeubles ſe trouveront
ſituez ; le tout pourvû que la perſonne qui l'a fait ait eſté en âge & capacité
de teſter, ſuivant la Coûtume du lieu de ſa naiſſance. Ce que Nous atteſtons
par Acte de notorieté eſtre l'uſage & les maximes, ſuivant leſquels ces ſortes de queſtions ſe jugent au Châtelet de Paris, ſuivant l'Article 289. de la
Coûtume, qui s'y obſerve exactement. CE fut fait, &c. donné, &c. le trei-
ziéme jour de Septembre 1702.

www.ingramcontent.com/pod-product-compliance
Lightning Source LLC
Chambersburg PA
CBHW070216200326
41520CB00018B/5668